この世界に、女性として生まれてきたあなたが、
強く、優しく、あなたらしく生きていけますように。

そんな願いを込めて、この本を贈ります。

蝶々母さんから、あなたの女人生へ。

CONTENTS

6　スイートな女子もいいけれど。塩はしっかりきかせてね！

10　女は背中を丸めたらおしまい。

14　恋に落ちたら、おめでとう。

18　失恋しても、よかったね。

22　私って可哀想？　ひたるのはMAX30分で。

26　悪意は、女の顔にもにじみ出るから。

30　靴は、世界を楽しむためにある。

34　靴とお箸は、そろえること。

38　好きなことより得意なことを仕事にするといいよ。

42　追いかけられる女、大切にされる女になるためには？

46　男は、女が育てるもの。

50　女体は、あなたのボディ・スーツ。

54　あなたのからだは何でできてる？

58　人は、ひとりじゃ生きられないけど、ひとりになりたい時もあるよね。

62　おばあちゃんの知恵って、最先端よ。

66 とっておきの情報は、インターネットの外にある。

70 世界はいつも、誰かの仕事でまわっているよ。

74 働くことに、ふっと疲れてしまったら。

78 人をむやみに可哀想がるのはやめなさい。

82 男を追いかけるなんて。みっともないし、まったく意味のないことよ。

86 お金のオンナになる、ならない？

90 月に１回生理があるから、あなたはキレイでしなやかでいられるのよ。

94 白い下着の魔法の力、上手につかってくださいな。

98 女は、仕事で死んではいけない。

102 もしも、死にたくなっちゃったら。

106 結婚しないあなたへ。

110 結婚するあなたへ。

114 結婚生活に、ちょっと疲れてしまったら。

118 ＭＹ史上最高のしあわせ。

122 何のために生きる？

126 あとがき。

スイートな女子もいいけれど。
塩はしっかりきかせてね!

マザーグースのこんな歌を知っている?

　♪女の子って何でできてる?
　　お砂糖にスパイスに　素敵なものぜんぶ
　　そんなものでできてるよ

そうだよね。ふんわり甘くて、だけどもちょっぴりスパイシー。
今も昔も世界中で、お菓子みたいにスイートで、ふわふわ可愛い少
女たち。
あなたもそうだったし、遠い昔、私にもそんな時代はあった。

でもね、大人の女になったら、スイートなだけじゃ生きていけない。
砂糖や夢をいっぱいまぶした、お菓子みたいな女が美しいのは、雑
誌やおとぎ話の中での夢物語。
現実を自分の足で一生懸命生きていくあなたには、時にはキリっと、
しっかり塩もきかせられる、そんな女でいてほしいと思うんだ。
塩漬けすることで、野菜や食品の清潔さやおいしさを保つことがで
きる塩。玄関やお部屋で邪気を吸い取り、厄払いになるといわれる
塩。ときには、砂糖をかけるよりずっと、素材そのものの甘さやお
いしさをうんと引き出してくれる塩。

私も塩にはこだわりがあって、天然の海の塩や岩塩を使って、大事な人や自分の料理を作ってきたよ。

女の子だから、ニコニコして、スイートな存在でいよう。それもいいけど、女だってそれだけじゃ生きられないから。
あなたをむやみに傷つける嫌な奴は、塩をまくように毅然と追い払ってほしいし、自分の心や体、大切なものを守るために、塩対応が必要なことだってあるでしょう。

そういえば、母なる海も血液も、なぜだか塩っからい味がする。
赤ちゃんがおなかの中で十月十日包まれていた羊水の成分も、不思議と海の成分に似ているんですって。

だから、スイートな女の子を目指すのもいいけれど。要所要所で、塩もしっかりきかせることは忘れないでね。料理や毎日の生活、そしてあなたの心構えに、いい塩梅で、適量の塩は忘れない。
それが、あなたの女性としての命を長持ちさせたり、魅力をうんと引き立ててくれる、強い味方だと思うな。

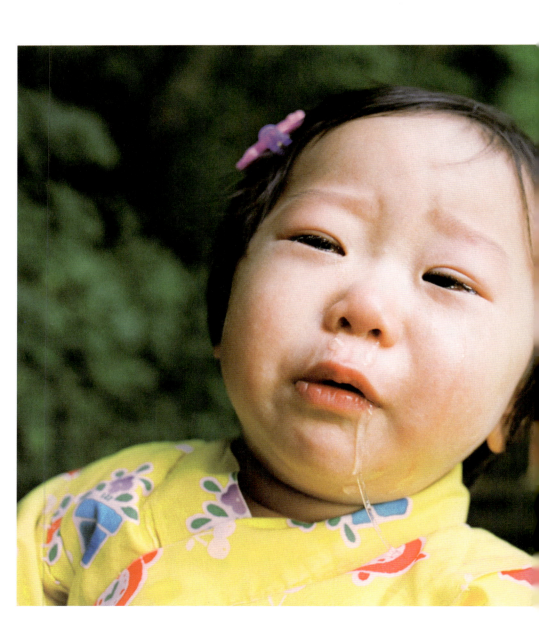

女は背中を丸めたらおしまい。

自分のおっぱいが、いつごろから膨らんできたか、覚えてる？

私はね、14歳くらいまでは、部活のテニスに夢中で、運動ばっかりしてたんだ。

そのせいなのかわからないけれど、年中真っ黒に日焼けしていて、やせっぽちで、おっぱいもなかなか膨らまなかった。友達がどんどんブラジャーをつけるようになっていっても、本当に必要なくて。

母親に頼んで、みんなに遅れないようにスポーツ・ブラをつけてはみたけれど、

「……意味ないなあ」

と鏡の前で自分でも思って、一人ため息をついたり、

「もしかしたら私は一生膨らまないのかしら」

わけもなく落ち込んだりもしていた。笑っちゃうでしょう。

そんな、焦ったり思いつめなくていいのにね。人にはそれぞれのペースがあって、自然になるようになるのだから。逆に早く大きくなってしまったバスト、そして周りの視線に心がついていかなくて、深刻に悩んでいる友達もいた。

それでも、大きなおっぱいを恥じらっていた友達と同じように、あの頃小さなおっぱいだった私も、恋したり悩んだり仕事したり迷ったりしながら、大人になり、やがて命を授かって、おっぱいはびっくりするほど大きくなった。そして、生まれてきたばかりの小さなお口にちゃんと母乳をあげることができた。とてもとても幸せだった。

母親になって、しみじみわかることがある。
おっぱいが大きくても小さくても、目や鼻が丸くてもスッとしてても、小柄でも大柄でも、そんなことは本当にどちらでもいいんだよ。みんな可愛い、誰かの世界で一番特別でたいせつな娘たちなのだから。

校庭や街の葉っぱが落ちても泣けてしまうほど感じやすくなる少女の頃、そして人を愛することや、自分の道がまだわかっていないうちは、人と比べて悩む日だってきっとあるでしょう。娘から"女"になっていくほど、失恋したり、挫折したり、頑張ってもどうにもならないように思えることも、出てくるね。

そんな時、女に生まれてソンしちゃったなぁ、と思ったり、生きて
いくのがヤになっちゃうほど、悲しかったり落ち込んでしまう日も
きっとある。

でも大丈夫よ。

一生懸命生きていたら、誰にだってあることだから。お母さんもお
ばあちゃんも、どんなに素敵に思える大人の女性たちも、きっと通
ってきた道だから。時々涙をぬぐいながらね。

自分が自分であることがすごく嫌になった時、このメッセージを思
い出して。

悲しんだり泣いたりするのは大いに結構。思いきり怒ったりふてく
されたりすることも、好きなだけおやりなさい。だけどね、女たる
もの、それをいつまでもひきずってちゃいけない。

いっぱい泣いたらその後は、悲しい時ほど、それを、えいっと跳ね
返すように、胸を張って世界に出て行ってほしいんです。

女は背中を丸めたらおしまいだから。

あなたの背中が丸まると、あなたの心も縮んでしまう。内臓の位置さえずれていくから、スタイルも体の具合も悪くなる。あなたが下を向いていたら、空にかかる虹も目の前にある素敵な出会いも出来事も見逃してしまう。何より、背筋をピンと伸ばして、胸を張ったあなたのほうが、いつだって綺麗に光って見えるんだから！

小さいおっぱいでも大きなおっぱいでも、泣きたい日もつらい日も、あなたはあなたでいいんだからね。あなたは、世界でたった一人の大切な女の子。家族や友達、運命の人、誰かにとっての宝物みたいな存在なんだから。
今日も胸を張って生きていこう、ね。

恋に落ちたら、おめでとう。

片思いでも両想いでも。恋って、人生のギフトBOXみたいなもの。
どこからか、ポンッと落ちてきたかと思えば、気がつくとその中に
すっぽりはまり込んだりしてる。
何が出るか、どんな気持ちになれるかは、勇気を持ってOPENし
てからのお楽しみ。
あーら残念、空っぽだった、肩透かし！ ってことも、時にはある
かもしれないけどね。

でもね、誰かと恋に落ちて、愛し愛されて生きられたら、やっぱり
心の中や景色はバラ色になる。
意地悪もシケった話もどこ吹く風の無敵状態。何を見ても、何に触
れても心にキュンキュンきて、その人に会えるだけで、一緒に時間
を過ごせるだけで、うれしく心が満たされるものだよね。

私の初恋は、小学校4年生くらいかな。クラスで一番絵が上手で可
愛い顔をした、線の細い男の子が好きだった。自分より圧倒的に絵
がうまい男の子だったから尊敬心もあってね。その頃は、男子も女
子もまだまだおませじゃなかったし、付き合うとか付き合わないと
か、全然なかったけれど。
高校生の頃、学園祭の催しに出て、人生初の一目ぼれをした。司会
をしていた、背の高いMr.高校と言われてる先輩。私は当時＜小
悪魔ちゃん＞と呼ばれる女の子だったので、その後、ちゃっかりそ
の人とお近づきになり、めでたく恋人同士になったんだ。近くの高

校だったけど、いつも彼の自転車で送り迎えしてもらって、毎日ド
キドキ青春していたよ。勉強なんてまったく頭に入らなくなったし、
急に色気づいたり電話を待ってソワソワしたり、笑ったかと思えば
ふさぎこんだり……。誰の目から見てもうわついていたんだろうね。
両親もとても心配していたなぁ。

そんな10代のはじめての恋愛も、20代の若気の至りで傷つけあう
ような熱い恋も、30代の大人の恋も、振り返ってみれば、ぜんぶ、
その時代時代にしか出会えなくて、その彼としか中をのぞくことの
できない、女ゴコロはずむ冒険でありギフトみたいな時間だった。
そして、子供を育てている間、私はまるで、彼女に恋しているよう
な気分だったので……いつか本当に恋に落ちたら、母親としてはち
ょっぴりさみしい。かつて自分がされたように、一挙手一投足に聞
き耳立てたり、何気ない顔をしながら、でも全身全霊で相手のリサ
ーチなどしてしまいそう！　どんな母親もきっと同じ気持ちじゃな
いかなぁ。

でも、そんな気持ちはぐっとこらえて、もしも、あなたが恋に落ち
たら、おめでとう、って言うね。ピンク色の花を贈って、りんごの
シードルかフレッシュ・ジュースで乾杯したいくらい。あなたも、
一人の女性として、本当に幸せな季節が始まったんだね、全身全霊
で恋を味わってらっしゃい、ってね。

15

失恋しても、よかったね。

相手にこっぴどくフラレヨウガ、こっちから「ええい！」とフッテシマオウガ、はたまた風船がしゅ〜っとしぼむように、恋が自然に小さく消えてなくなってしまったとしても。

誰かとの熱かった関係が終わることを、「失恋」だとするのなら、悲しいけれど、どんな人の人生にも、いつだって失恋はつきまとう。忘れられないほどトキメキ心震える、輝くような時間だったからこそ、失ってしまったら急に世界が色あせ、身がちぎれそうに恋しくて悲しい夜もあるでしょう。

「あの人以上の人なんていない」とか「私なんてもうダメ」なんて、消えてなくなっちゃいたくなるような気分になることさえ、あるかもしれない。で、悲しんでるあなたに水ぶっかけるようだけど……それ、古今東西、世界中の乙女たちに、めっちゃありがちな話なわけよね。

マダム・バタフライの話を知っている？

アメリカの士官と結婚した芸者出身の蝶々夫人が、夫に捨てられ、嘆き悲しんだ後、最後は自害してしまう悲劇のオペラ。日本や海外の劇場でじつは何度か見たけれど……それでも女か！　私は見るたびに憤慨していた（笑）。

いいこと？　失恋して悲しむな、とは言わないし、好きなだけ泣い

たり女友達に愚痴ったり、恋の喪に服すのはいい。でも、そこでいちいち死んだりひねくれたら、女は負け。

だって、女の人生最高の幸せシーンというのはいつだって、自らつかみとるものだから。まさか、と思うなら、私から言わせりゃ、あなたはまだまだブルーヒップで女の卵ちゃん！

大人の女になる醍醐味ってね、恋や愛さえ自分次第で、どんどん自分らしい・自分好みのものを手にしていけるところなの。悲しい失恋こそ、まさに、あなたがこれから本当の相手に出会うための、大切な運命のステップ＆女のレッスンなのよね。

そうね。ま、失恋したては確かにちょっとつらいよね。ヒリヒリしたり、泣けちゃったり。

だけど、３か月もしたら、ずいぶん気持ちも呼吸も楽になれるものよ。ウソ言わない。

女って本来タフなものだから、ずっと泣いてブスっぽくなったり悲劇のヒロインしてるのにも、やがてなんだか飽きてくる。きっとあなたも。それで正解。ちゃんと生きてる証拠だよ。

相手を恨んだり自分を責めてても、ホントしょうがないし、時間のムダ。今を生きてる女には、失恋で死んでるヒマなんてないのだから。少し休んだら、次の恋へと美しく羽ばたいていってね♡

19

私って可哀想？
ひたるのは MAX 30分で。

『私って、可哀想……』

思わぬトラブルに巻き込まれちゃった時、恩をあだで返された時、

フラれちゃった時、自分だけなんだかソンをしているように感じた時。

あなたも、そう思うことがあるかもしれない。長い人生、私も、『ち

ょっと―なんで私だけ？　私って可哀想』そう思ったことはある。

トホホな気分を慰めるための、自虐ギャグみたいなかんじでね。

でも、私はゲンキンな人なので（笑）、すぐバカバカしくなっちゃうの。

『やめやめ、ソンソン、この演歌調のシケッた空気、さっさと終了！』

ってね。お茶飲んだり散歩でもして、30分くらいで気分を切り替

えることにしているよ。

何がソンか？

だって、自分のこと可哀想って、いつまでもうじうじ哀れんでたら……ホントに可哀想な子になっちゃいそうだから。

可哀想なあなた、大丈夫ですか？ って、いい人が近寄ってくるならいいけれど、悪いおじさんとか、よからぬ勧誘が近づいてくるかもしれないし。いらないじゃない？　そういうの。

真剣に生きていれば、自分のこと、可哀想だったりみじめな気分になる日があっても仕方ない。誰だって体調の悪い日があれば、心が落ち込んでしまう日だってある。

だけどね、それをどう扱えるか、自分や誰かをどれくらいいい気分に、前向きな状態にキープしてあげられるか。それが、女の腕の見せどころ。お勉強ができるできないなんかより、そういうのが、真の女の教養なんでしょう。私はそう思うわよ。

悪意は、女の顔にもにじみ出るから。

意地悪する人、悪意のあることをする人、残念ながら、この世には
いつもいる。

あなたにとっては、信じられないようなことをしたりされたりして
も、その人たちにも、きっとそうなる事情があるの。

だからって、その気持ちを汲んであげたり、あれこれ推しはかって
あげる必要は……じつはそんなにないかもしれない☆

その人が、あなたの身内や大事な人じゃない限り、あなたがそんな
にまじめに受けたりもらってあげる義務はないってこと。

悪意って、残念ながら、女の顔にもにじみ出るから。

あなたが善意で生きていきたいと思うなら、堂々と善意を通して、
綺麗な心と体で生きていけばいい。それを通せる自分でいられるよ
うにもならなきゃいけないだろうしね。本当に強く自分らしくいら
れるように、一生懸命努力をしたらいい。

女の子同士にありがちな、小さな嫉妬や意地悪なんかも、そりゃあ
されたらイヤかもしれない。でも、あなたの女人生の大勢には関係
ない。つまり、たいした話じゃない。

少女の頃から誰もが経験しながら、『女ゴコロや人間関係』を学ん
でいくうちの、小さなテキストの一つじゃない？

私も、小さな頃から天真爛漫で気ままにふるまっていたので、女の子的な意地悪ゴコロを刺激しがちなタイプだったかも。男の子たちにはモテモテだったけど、ストーカーみたいな人も高校生の頃から絶え間なくあらわれていたし、女の子たちには、いろんなねたみやいがらせも受けていたのかもしれないね。

小学生の頃。私が塾やおけいこごとに行っている間に限って、私のことがなんだか気に食わないけれど気になってしょうがない学校の女子たちが、数人のグループを作って、私の家に遊びにきていたんだって！　『蝶々のお部屋を見たい』って。

で、母ったら、いったいどうしてたと思う？　なんと、彼女たちを部屋に通して、お茶やおやつを出したり好きに部屋をいじらせて、ガス抜きしてくれていたんだそうな（笑）。

少したってから、母に聞いてびっくりした。

まぁ、今となっては、そんなこんなも笑い話。小さな意地悪や悪意なんて、好きにさせてスッキリさせたり、ほっとけばいいと思う。あなたが平然つるりとしていれば、相手は自分のお顔でひきとるだけ。大きな悪意に対しては？　そうね。さらに、毅然と拒否する気持ちは持ちつつ、静かに去る。チャンネルを合わせない。それでいいのよ。

27

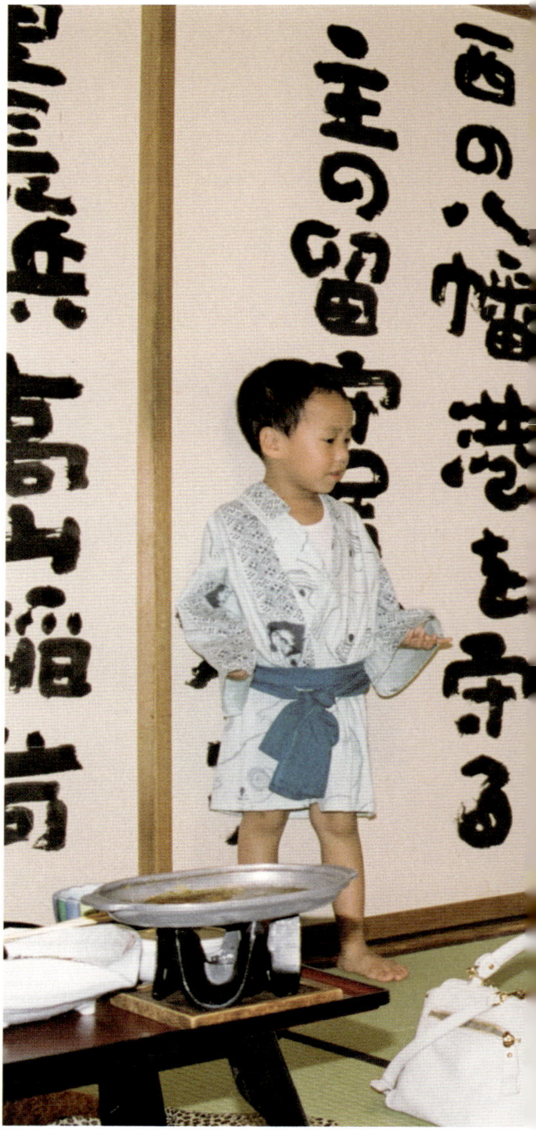
西の八幡港を守る
主の留

靴は、世界を楽しむためにある。

数えきれないくらいのいろんな靴を履きながら、履き替えながら、いろんな世界を歩いてきたな。

子供の頃の白い運動靴や上履き。高校の入学式用に買ってもらったピカピカの革靴にスニーカー。そして、はじめてのハイヒールを履いたのは……いつだったかなぁ、もう忘れちゃったけれど。背筋や姿勢がスッと伸びて、女らしく綺麗な足に見えるから、今でもハイヒールは好きよ。ふだんは歩きやすいスニーカーやブーツだけどね。

彼と真夏の夜のデート中に、橋の上で喧嘩になって走りだしたら、私の安サンダルのヒールがガクッと折れてしまって……結局はお互い大笑いになっちゃって、仲直り、という漫画のような思い出もあるよ。

銀座ＯＬの頃は毎日ハイヒール。残業がきつくても資料探しが混んでる日々でも冬でもヒール。若かったんだね（笑）。

ＮＹにはまっていた頃は、高級百貨店で当時はやっていたマノロブラニクの９センチヒールの靴を買って、体にピタッと張り付くようなワンピースを着て、マンハッタンの街をかっこつけて歩いたり。

日本で買ったオシャレなブーツでエルサレムの街を歩き回っていたら、日に日に足がくたびれてきて……あわてて、市場で出会ったドイツ製の健康ブーツに履き替えて、また元気に歩き回れるようにな

ったのも、今となっては楽しい思い出。雪の北国やスキー場に出かけていって、真っ白なスノー・ブーツで白い世界を歩き回るのも好きだった。

今の私は、まわりまわって、何でもない白いスニーカーが好きだったりする。ブーツも、グレーにベージュに黒に、とベーシック・カラーが多いかな。もちろん、ちょっと改まったお出かけのために、ヒールのある華やかな靴も持っているけど、せいぜい高さは５センチくらい。
あ、そろそろ、冠婚葬祭用のシンプルな黒いヒールもきちんと磨いておこうかな。

これからも私は、自分好みのいろんな靴を履きながら、いろんな世界を歩いていくよ。きっと、あなたもそうでしょう？
私からのお願いはこれ。
靴だけは、試着をよくして買いなさい。
とても好みで美しくても、歩きづらい靴だと、世界を楽しみきれないから。しっくりくるお気に入りの靴があれば、あなたはどこにでも歩いていける。美しいハイヒールもスニーカーも、時には登山靴も自由自在に履きこなして、いろんな世界をあなたらしく闊歩してね。

靴とお箸は、そろえること。

つまらないことを言っている？

そうかもしれない。

自分でもちょっとそう思ってるんだけど。

それでも、毎日使う靴とお箸を、キチンとそろえ続けていると、い

いことがたくさんあるから。

まず、玄関が整うと、出かける時も帰ってきた時も、つまり朝から

晩まで気持ちよく過ごせるよ。

食卓や食事の席の最初と最後、自分の目の前のお箸がキチンとそろ

えられれば、自然に姿勢もシャンとして、食事もおいしくありがた

くいただける。

そして、一緒に食べる人たちも、いつだって気分がいいよ。

靴とお箸をそろえたからって、宝くじは当たらないかもしれないけ

れど、いつどこで出会うかわからないあなたの運命の王子様には、

おっ、と見直されたり見染められることはあるかもよ。

女の子として、女として生きていて、たとえ心が乱れる日があったとしても、靴とお箸だけは、いつもキチンとそろえることを忘れない。そんな気概で毎日を過ごしていると、自然に、背筋もスッと伸び、しぐさも綺麗な女性になれそう。

忙しい日のお片付けや自炊は最低限になるとしても、お部屋や食生活も、そんなに乱れなくなっていくよ。茶道じゃないけれど、形が体や心を整えるってあると思うの。

そして気がつくと、あなたは一生、キチンと四隅の整った、心地よい世界で生きられることになる。とても簡単なことだけど、効果は抜群。女の一生ものの財産になる習慣。

靴とお箸をそろえること。ぜひ今日から意識してやってみてね。

好きなことより得意なことを
仕事にするといいよ。

天職ってなんだろう。

自分の好きなこと？　憧れの仕事？　それとも、食いっぱぐれがな
さそうで、将来性のある仕事？

うん、それはいいよね。選択肢の基準として、間違ってはいない。

でもね、私は、あなたが得意なこと≒天職なんじゃないかな、って
思うんだ。

他の人にはとっても難しかったり大変なことなのに、あなたにはス
イスイ平気でできちゃうこと。なぜか、楽しく上手にできちゃうこ
と。必ずあるはず。よく考えてみて。

働く会社や業界にこだわるよりも、そこであなたが何をするか、何
ができるのか、が長い目で見ると、大事かもしれないよ。

ところで私は、弟の就職活動の時、大企業に提出するエントリーシ
ートを書くお手伝いをしていた（笑）。

彼は子供の頃からお人よしタイプの優しい人で、会社を希望する動
機も『人を喜ばせたり笑顔にさせたい』というのが言い分。

特別な資格があるわけでもないし、そんな甘ったるい話で受かるのかな？　と思っていたけれど、彼の運がいいのか、時代と人柄がよかったのか。いろんな業種の会社から内定をもらっていたよ。そして今も、大企業の中のサラリーマンとして、会社の人やお客さんを喜ばせたい、そして家族の笑顔も守っていきたい、と、営業の仕事を続けているみたいだよ。人当たりがよくて優しくてまじめな性格の弟にとって、チームワークが命の会社勤めは天職だったのかもしれない。

私は、29歳の頃から、モノを書いて自分の意見を伝える仕事をしていてる。
『私には、どんな仕事が向いているんだろう？』。若い頃は、いろいろ悩んだりモンモンと考えていた。そして、イラストやコピーライターの学校に通ってみたり、会社員をしたり銀座ホステスをしてみたり、いろんな道や可能性を探ったり試してみたりしたけれど、結局そのことが得意だったし、自分にあってるお仕事だったんだろうね。ありがたいことに依頼や仕事も絶え間なくあった。結果的に、それが続いて、気がついたら私の仕事になっていた。

天職なのかは、今も正直わからない。ただそのように道がひらけ、続いてきた。

天職を手に入れているように見える人だったり、仕事で輝いてるように見える人も、最初から、これが私の天職！ってわかってる人なんていないのかも。そして仕事は、仕事である以上、楽しいことばかりじゃない。誰しも最初は上手にできないし、こんなことをしていていいのかな？ って不安になったり嫌になっちゃう時もある。時代や自分が変わっていくことで、世の中において、仕事の需要がなくなることだってある。でもたとえ、職業の名称やお勤め先が変わったとしても、あなたの得意なことで、誰かの役に立つことを仕事として続けていけば……どんな世の中がきても、何とか仕事になっていくんだと思う。

小さな頃から、あなたの得意なことは何だろう？
どんな世界のどんな業種でもいいから、それを活かせる仕事に出会えますように！

追いかけられる女、
大切にされる女になるためには?

せっかく女に生まれたのだから、あなたには、好きな男の人に追い
かけられて、大切にされる女になってほしいな。

そのためには、どうしたらいいんだろうね?

女性らしくおしゃれしたりダイエットしたりして、見た目を綺麗に
する、所作やふるまいを美しくする、お料理上手になる、女性らし
く色っぽくする、誰にも負けない得意分野を持つ。いろんなアイデ
アはあるけれど、それらは、全部枝葉のことかもね。

自分を大切にして、自立すること。生きることを、一生懸命楽しむ
こと。

本当は、それがすべてじゃないかしら。

どうしてって?　自分の足で立とうと前向きに生きている女の人は、
緊張感と生命力が体中から放たれていて、いくつになっても美しく、
深まっていけるから。そして、人や男の人の素敵さやありがたみも、
本当にわかるから。

もしあなたが、自分を本当に大切にしていなかったら。人生を楽し
んでいなかったら。

相手のことを本当に思いやったり尊重することもできないよね?

その恋だって、嫌なことや苦しみから逃れるために相手にすがっているだけかもしれない、恋もどきなのかもしれないし。

学生時代は、わかりやすく可愛い子や美少女風の子がモテたりするね。男の子は女の子より子供っぽくて、アイドルなんかに熱狂してみたり、どうしても見た目から入りがち。私もそんな本を書いたりもしたけれど、恋愛テクニックだって、男ゴコロのお勉強だったり、恋の作法として使えることもあるでしょう。

だけどね、男も大人になったら、現実と自分の本当の心を知っていく。中身が賢く成熟した男ほど、見た目が可愛い"だけ"の女の子では、心が満足できなくなるの。

そんな時あなたの存在が、可愛いだけじゃなく、時には彼を刺激して元気にさせたり、彼の心の深いところを癒したり満たすことができるなら。あなたが気をひこうと頑張らなくても、いつも追いかけられて、ずっと手離したくない、大切な女性になれるでしょう。

まずは、自分自身と人生を愛することから。あなたの内側から喜びややさしさ、輝きを放つことから。つまり、本当に魅力的な女になればいいんです。いっしょにがんばろうね♡

男は、女が育てるもの。

男と女は、ちがう生き物。

甘えん坊なのに、いばりんぼう。ヒーローやスポーツや勝負が好き。

ちょっぴり単細胞で、どんなにひ弱に見えたって、私たちより力持ち。

そして、今は難しそうな顔をして偉そうにふるまっているあの人も、

どんなに恰好つけているあの彼も、みんなお母さんに可愛がられて

育てられ、大きくなっても心の中のどこかには、いつもお母さんが

住んでいるの。

キモチワルイ？　それってマザコン？

そうね。だけど、そんな風に、大人になっても自分の母親をいつも

どこかで大事に思っている人のほうが、大事な彼女や奥さんのこと

も、大切に愛する心を持っているかもしれないよ。

そうじゃない男もいる？

そうね。それは、繊細な男ゴコロがどこかで複雑骨折しちゃったか、

無理して恰好つけてるのかも☆

男は、じつはウサギに似てる。

さみしすぎたり、あちこちピン☆と立たなくちゃ、やがて死んじゃ

う生き物だから。言いなりになったり調子を合わせるんじゃなくて、

さりげなくあなたの意見はキチンと可愛く伝えながら、大切な男の人のメンツや気持ちは上手に立てたり守ってね。それが一人前の女というもの。

私から言わせたら、女のほうがトラとかライオン（笑）。
だって女は、社会や誰かに立てられなくても『私は私よ』で、平気で生きていける。だけど男は、顔も気持ちも会社でのメンツも、あちこち立たなきゃ、みるみるしおたれ、男じゃなくなってしまうんだ。

そんな男とは、『わかりあおう』ってやっきになるより、違いを尊重したほうがいい。ちょっとだけお姉さんの気持ちになって、彼をわかろうとしたほうがうまくいく。あなたがそばで、可愛く優しくいてくれるだけで、彼らはすごく強くなれ、幸せに生きていけるの。男は、女が育てるもの。

そう思っておけば、男もあなたを助け、大切にしてくれる。不器用かもしれないけれど、あなたにできないことを、きっとたくさんしてくれるよ。そして一緒に成長していけるからね。

女体は、あなたのボディ・スーツ。

体は、あなたの魂のいれもの。

世界でたった一つの、あなただけのボディ・スーツ。

18歳くらいまでは、どんどん女性らしく成長していく。そして、20歳くらいになると、美しく完成形になる。そこからが、女の腕の見せどころ。あなたの生き方、あなたの暮らし方、あなたの気持ちや思うこと、が、あなたのボディ・スーツのコンディションをつくっていく。

そしてね、35歳を過ぎたら、少しだけいたわる気持ちを持ちながら、これまでより、ちょっと大事に使いこなしていくといいんだよ。

そう、若い頃は、徹夜をしても多少無理を押しても、ピン☆彡と張ってくれていたあなたの体も、何十年も一日も休まず使っていれば、疲れもたまればくたびれもする。当たり前のこと。

で、そこからも、いいかんじでボディ・スーツを使っていくには、日々のお手入れやちょっとした女の知恵と意識が必要になってくる、というわけ。ふだんなんとなく口にしていた食べ物を見直してみるとか、働き方とプライベートのバランスを考えてみる、とかね。

そういえば、私もちょうど35歳くらいから、働き方や生活を変えはじめた。食べるものにも気をつけて、自炊を増やし、体を温め、徹夜や無茶をしなくなった。温泉にまめに行ったりアーユルヴェーダなんかもたくさんして、集中デトックスしたりもしたな。おかげで、40を過ぎて子供を授かり、日々公園や町中を駆け回りながら、お仕事することもできている。

せっかくなので孫も見たい！　と欲も出てきたので、ボディ・スーツも、昔よりずいぶん丁寧に扱っているよ。

江戸時代の人たちは、人生50年で御の字、多くが30〜40代で亡くなっていたというけれど、現代女性の平均寿命は85歳くらい。私たち、倍以上も人生を楽しめる可能性があるんだよ。

あなたのボディ・スーツは、今、何年物かしら？　カシミアのセーターや着物だって、お手入れや管理次第で一生ものになるでしょう？　世界で一着のあなたのスーツ、これからも美しく長持ちするケアをぜひ心がけて、あなた流にあみだしていってみてね！

あなたのからだは何でできてる？

私の体は、日々のごはんとお味噌汁、そしてちょっぴりのワインで
できているかもしれないな（笑）。って冗談はさておいても。
きんぴらごぼうにたまごやき、野菜炒め、あまり野菜もいっぱい刻
んだチャーハンや肉巻き……毎日のおうちごはんを作る時、私がひ
そかにこだわっていること。
１、旬の素材を使うこと
２、本物の調味料やおだしになるべくこだわること
３、愛情をこめて作ること
それから、調理器具！

私は、テフロン加工のフライパンやアルミニウムのお鍋を使わない
主義。
じゃあ、何を使っているかって？　本物の鉄のフライパンや土鍋を
そろえてごはんを作っているよ。ちょっと重くて、お手入れにひと
手間かかるけれど、私にとっては、それを補って余りあるメリット
がたくさん。
まずは、土鍋でじっくり炊いたごはんも、鉄のフライパンでキリリ
と炒めたおかずたちも、ともかく滋味深くおいしいってこと！　鉄

の調理器具や鉄瓶は、女の子に足りなくなりがちな鉄分が自然に補われやすいというし、体に不要なものが入って蓄積する心配が少ないんじゃないかと思う。竹ざるをたくさん持っているのも、やわらかな竹ざるで水を切るほうが、素材たちがふんわり喜んでるように思えるから。ついでに言えば、電子レンジも持っていない。チン！した食べ物は、急激に熱が加わることで栄養や細胞が壊れる気がして、昔からとても苦手。

どうしてそんな、むかしのおばあちゃんみたいな不便なことをしているの？　って思うかなぁ。
あなたもいつか、毎日ごはんを作るようになったら、＜何を使ってごはんを作る？＞＜何を食べて、自分や家族のいのちを養っていく？＞、一度じっくり考えてみるといいよ。
いや、その前から気にしてほしいかなぁ……。だって、あなたが日々食べているものが、まぎれもなく、あなたの体を作っているのだから。そしてそれは、未来のあなたの骨や血の状態、そして、いつかあなたが産むかもしれない子供にも引き継がれていくんだから。
私も、そんな覚悟と気概を持って、いつもごはんを作っているよ。

人は、ひとりじゃ生きられないけど、
ひとりになりたい時もあるよね。

そんなときは、遠慮しないで、ひとりになったらいいんだよ。

ぜーんぶ、ひとまずどこかに置いて！

若い頃は、私も、北海道の大雪山やタイの停電ばっかりするような

山奥に出かけてまで、ひとりの時間を過ごしていたこともあった。

いろんなことに疲れてオーバーヒートして、静かに一人休みたい時、

何も考えたくなかった時、もしくは、じっくり考えたい時。

あなたも、オフィスを抜け出して、都会の雑踏の中だったり、日常

を飛び出して、山奥のリゾートや大自然の中で、一人、静かな時間

を過ごしてみたらいい。

そして、さみしくなったら、また誰かのぬくもりが恋しくなったら、
あなたの世界に帰ったらいい。
私も好きなように生きているけど、心のどこかで、あなたをいつで
も思ってる。
出かける前より心がちょっぴり深まった、あなたを待っているからね。

おばあちゃんの知恵って、最先端よ。

「女の子は足元を冷やしちゃいけない」
「水回りが汚れていると、病気になりやすい」
「妊娠したら、毎日トイレを綺麗に磨いていると、顔の綺麗な子供
が生まれてくる」

そんな、世のおばあちゃんたちが昔から言い伝えてきたようなこと。

何言ってんの？　ナンセンスだよ、面倒くさいなぁ。
ハイヒールで銀座を闊歩していた娘の頃はよくわからなかったけれど。
所帯を持って、日々の暮らしを心地よく整えようとするほどに、「な
るほどね、それってあるかも」と、納得したり感心してる。
特に子供を持ってからは、自分の母親の話や生活の知恵も、すすん
で聞くようになったな。ずっとうるさい、って思っていたのにね。

たとえば、汚れたふきんが何枚かたまってきたら、食事の片づけを
すませた後、大きなお鍋に洗剤を入れてぐらぐらと沸いたお湯で煮
だしてみて。そして、そのお湯が冷めるまで待ってからふきんを取
り出して、水でよく洗うと……ふきんはまるで新品みたいにとても
サッパリ綺麗になる！
そんな面倒くさいことしなくても、漂白剤につけておけばすぐに白
くなる？

いやいや、全然、白の心地よさが違うわけ。素手で触るのも怖いくらい、汚れだけじゃなく布の質感やキメの細やかさまで落ちてしまう漂白剤を使うより、煮だしたほうがスッキリと、でもふんわり柔らかな白いふきんになるんだよ。翌朝、おひさまの下で乾かせたらもっとふんわり。

これも、私が母から教わった、暮らしの小さな知恵のひとつ。

そんな風に、（なるほど、ちょっと手間ヒマかかるけど、生きれば生きるほど、世の中やことのしだいがわかるほど……やっぱりそれが一番ね！）と思える"おばあちゃんの知恵"は、書き出せばいくらでもある。

長持ちする野菜の保存方法（新聞紙は最強！）、元気になったり風邪が一発で治るスープの作り方、生理前後や妊娠中や産後の過ごし方、女の人生や生き方について etc.

だから今でも、私は世のおばあちゃんの話を聞いてみたり、おばあちゃん先生たちの本を読むのが大好きなんだ。現実的に、とっても役に立つし、人の命を活かす術や思いやりも深いから。長く女として生き抜いてきた＜女の大先輩＞のおばあちゃんたちの知恵こそが、ぐるっと回って、じつは最先端かもしれないよ。

とっておきの情報は、
インターネットの外にある。

知ることは楽しいね。

娘が小さな頃、特に、言葉がよくわかるようになった２歳の頃から
は、本を読んで本を読んで！　って、ともかく一日中言っていた。『あ
あ、そんなにも新しい世界を体験したり、知的な好奇心を満たすこ
とは、子供をワクワクさせるのね』って、毎日いっぱい本を読んで
あげたよ。おかげで、声色を変える名人になった。

そうだった。子供の頃は、世界がディズニーランドのように感じな
がら生きていたんだ。もっともっと、素敵なこと、大人の世界、新
しいこと、いろいろ知りたかったんだ、って自分の子供の頃を懐か
しく思い出したりもして。

今は、インターネットやスマホひとつで、なんでも知ったり、つな
がったり、手に入れることができる時代だね。仕事もできちゃう。
それは否定しないよ。

だけど、ＴＶにも雑誌にも東京中の電車にも、ともかく街中に情報
があふれていて、インターネットでなんでも知られるようになって
から……人は、そんなに世界や他人にときめかなくなったような気
もするの。

恋愛も子育てもお料理ひとつとったって、やってみなくちゃ本当の
知恵や身にはならないのに、インターネットやメディア経由の情報
は、受け手のほうも、ざっと目を通して要点だけ抑えて、すべてを
わかった気になりがちなのかもしれないね。

いいことを教えてあげるよ。

ネットやスマホで即引き出せる便利な情報じゃなく、あなたを心底ワクワクさせて、人生さえ変えちゃうような、とっておきの情報を手に入れる方法！

それは、必ず、生きてる誰かが教えてくれる。尊敬する誰かや、はたまたバスでたまたま乗り合わせた通りすがりのおばあちゃんから、かもしれない。なんとなく心惹かれて手に取った本を通して、ってことも、私の人生にはけっこうある。妊娠中は特に野生のカンが冴えていたのか、立ち寄った田舎の書店で偶然出会った本のおかげで、薬やワクチンについてまじめに考えるようになったり、食事や生活を、昔の女性のようなスタイルにまるっと変えたりもしていたな。あなただけの、人生をとびきりイキイキさせてくれるような濃い情報を手に入れたいのなら、スマホをOFFにしたほうがいい。そして心ひかれる人や本や体験を、野生のカンを研ぎすませるようなつもりで（！）どんどん求めていきなさい。

日々がどんなに忙しくても、それらに出会える場所に時間を作って出向きなさい。

何より、一杯のお茶とともに素敵な本をじっくり楽しんだり、素敵な人の声に耳を傾けられるような、心と時間の余裕を作ってください。

膨大にあふれてる情報に流されないで、その時々に必要な宝石のような情報を手に入れながら、あなたらしく、キリリと深い大人の女性として生きていってね。

67

世界はいつも、
誰かの仕事でまわっているよ。

あなたは今、何の仕事をしているのかしら。

楽しいですか？　やりがいを感じていますか？　将来の夢やビジョンはありますか？　それとも、不満だったり自分には向いていないような気がして、悶々としていたり転職や退職を考えちゃう日もあるかしら。

なんにしろ、毎日のおつとめ、本当におつかれさま。

就職をして働き出したら、あなたも一人の立派な社会人。親の庇護や学校の元にいた学生時代とは違うから……緊張感と同じく、よろこびや発見、やりがいもたくさんあるでしょう。半面、日々思うようにいかないこと、悔しいこと、歯がゆいことも、それはたくさんあるでしょう！

それでいいんです。大統領でもアイドルでも、OLさんでも店員さんでも、社長さんでも先生でも職人さんでも、お仕事って、きっとそういうもの。

今、あなたのしている仕事がどんな仕事であっても、それは、社会や誰かのお役に必ず立っているのよ。世界はいつも、誰かの仕事でまわっている。

たとえばあなたが新人だったり、人に誇れるような仕事をしていないような気がしても、大丈夫。目先だけ見ない、考えすぎない、あせらない。

それよりも、今目の前にある、あなたに任された仕事に集中してみて。一つ一つ丁寧に、できるだけ心を込めて仕上げてみて。

与えられた仕事を一生懸命続けていくほど、上司でもお客さんでも、他人から＜ありがとう＞＜助かったよ＞と喜ばれる機会が増えていく。

そのことは、あなたにやりがいと、社会の中での自信をつけてくれる。最高の生きる力になる。

仕事って、お金を稼ぐためにするんじゃないの。

稼ぐためや目的のために働いたって、もちろん構わないけれど。

それでも、あなたが、社会や誰かの役に立てた時、お金や本当の力は後からついてくるものなのよ。

その順番だけ、間違えなければ、きっとあなたも社会で働き続けられるよ。

さあ、今日も誇りを持って、心を込めて、あなたはあなたの仕事をしてね。

働くことに、ふっと疲れてしまったら。

仕事にふっと疲れてしまったら、お昼休みや休憩時間にオフィスや職場をちょっと抜け出して、ドトールでもスタバでもいい、一人お茶でもしてみたら。

あなたが手にしたその一杯のコーヒーも、いろんな人の手や仕事によって、あなたのもとに運ばれてきた。おかげで、あなたもほっと一息つくことができた。

お茶をすすって深呼吸して、ちょっぴり気分が落ち着いてきたら、ガラス越しに外の世界を眺めてみて。

忙しそうにスマホや電話をしながら道行く人々、荷物を抱えて小走りしている宅急便のお兄さん、サラリーマンやOLたち。みんなそれぞれ忙しそうね。一見のんびりお買い物しているように見える人だって、今日は休日で、もしかしたらいつもは日夜せっせと仕事をしているのかもしれない。世界には、本当にいろんな仕事や働き方があるのだから。あの人もあの人も、生きていくため、自分のため、そして、誰かのために、今日も働いているんだね。

だから、今日も働くみんなに、おつかれさまで、ありがとう。

22歳で広告会社で働きはじめて、銀座ホステスをしたりモノを書いたり、自分の道を探してあちこち奮闘している間は、私だって、もちろん、そんなことを考える余裕なんてなかった。人のことなんて見えなかったし、正直どうでもよかったかもしれない。

だけど、次第に自分で自分の日々や暮らしをまかなえるようになっていくほど、私も大人になり、落ち着いてきたんだね。そう心から思えるようになった。がむしゃらな頃より、いろんな景色やココロが見えるようになった。

ああ、あの人もあの人も、今日もいろんな思いや事情を抱えながらも、自分の仕事を頑張っているんだな、って。

だから、今日も頑張ったあなたにも、よくやってるね、おつかれさま、と、今は私が言うね。

疲れたら、休んだらいいからね。

ランチやカフェ休憩みたいに、ちょっと休むのもいいし、お給料日にはおいしいものを食べたり綺麗な花や靴でも買って、自分にご褒美をあげるのもいいよね。年に１、２回はまとまった休暇をとって休むことも、長く働いていくためには大事なこと。

ただし、仕事はあなた一人でしていることじゃないから。お仕事仲間に、はやめの報・連・相だけは忘れずに、ね！

人をむやみに可哀想がるのはやめなさい。

『あの人って、可哀想〜！』って、女の子って言いあうね。

私は、それがすごく嫌い。

モノを言えない小さな犬や子供にならいざしらず、大の大人に対して、そんな風に気の毒がるのは利口じゃない。その人が本当に可哀想だと思うなら、口じゃなくて、なんでもいいから手を差し伸べたらいい。少しでいいから、何かの助けになってから言いなさい。

それができないのなら、可哀想、だなんて、気軽に言わないほうが、やさしいよ。

私が小さい頃、まだ若かった父親は、ホームレスの人にお金をよくあげていた。一緒にドライブをしている時に、歩道橋の下に段ボールで家を作っていたホームレスの人を発見すると父は、「蝶々ちゃん、あの人に、これで何か食べてください、とお金をあげてきなさい」と言って、小さな私に２、３千円を渡してくれた。

私は言われたとおりに、ホームレスのおじさんにお金を渡しにいった。おじさんが喜ぶと思って。

ある日のこと、いつものようにそうすると、そのおじさんはすごく
怖い顔をして、「ふざけんな、こんなものはいらない！」と私の手
とお金を振り払った。子供心にすごくショックと恐怖感をおぼえ、
私は泣きながら車に帰った。

親切心のつもりで、いいことをしているつもりで、おじさんにニコ
ニコ近づいていったら、おじさんのプライドを傷つけてしまったん
だよね。

こんな子供に恵まれてたまるか！　その怒りと心の震えが、ぴしゃ
りと払った手や全身、形相からも伝わってきて、今も忘れないくら
いショックだった。

近くの車で待っていた父親は、どうしたかって？

「そうだね、そういうこともあるね」と半分笑いながら、私をなぐ
さめてくれていたけど……今思うととんでもない体験教育だわ、っ
て呆れるやら笑えるやら。

でも、むやみに人を可哀想がることはやめたほうがいい。それは心
に残る教訓になったなぁ。

人にはみんな、それぞれの生き方や信じること、プライドがあるん
だからね。

男を追いかけるなんて。
みっともないし、まったく意味のないことよ。

片思いの相手や憧れの人がいると、ドキドキして楽しいね。

彼の趣味や好みをリサーチして近づこうと努力したり、さりげなく

好意を示してみたり、思いきって飲みに誘ってみるくらいは、まぁ、

いいでしょう。

それでも、なかなか約束がまとまらなかったら？　彼が乗り気じゃ

なさそうだったら……？

スッパリとあきらめなさい。相手にその気がないんだから。

＜気のない男の人を追いかけるのは、絶対にやめるべし。女の値打

ちが下がるだけ＞

これはうちの家訓にしたいくらいのこと。

だって、みっともないし、何よりも意味がないもの。

いい？　人生や愛に努力は必要だけど、恋だけは、努力なんておよ

びじゃない。

惹かれるか惹かれないか、好みか、好みじゃないか。ただそれだけ

の本能の話なの。

男と女は違うから。男はそもそも、追いかけられたり押されること
が好きじゃない生き物で。自分好みの女の子、それもちょっと自分
よりクラスが上に思えるような女性だったり、俺が男でいられると
思える相手を、自分から追いかけて落としたいもの。どんなにおと
なしそうに見える男の子でも、男が男である限り、正直なところは
誰でもそう。覚えておいて。

仮に、女が、追いかけて追いかけて落とせる男がいたとしたら……？
それは、そもそもロクな男じゃないからさ。そんな、男のコケンも
自信もない男とつきあっても、味も骨もないんだから。きっとあな
たも面白くないはずよ。

あなたばっかり追いかけなくても成立する恋。
それが、女を幸せにする恋愛の第一条件。

お金のオンナになる、ならない？

お金があるって、ちょっといいよね。

生活できるし旅行もできる。お金をためて、ずっと欲しかったものを手に入れたり、季節の花をちょっと買ってみたり、大事な人にプレゼントしたりもできる。

彼、決して悪い奴じゃない。

だけど、なかなかどうして、一筋縄じゃいかない一面も持っている。

そのへん知った上で、上手に付き合っていくといいんじゃないかな？

あなたが、その人生において、絶対にお金持ちになりたい！ と、＜お金＞を第一に考えて歩んでいくと、お金はけっこうたまるかもしれない。

人生は、大なり小なり、あなたのリクエストに応えてくれるものだから。

人間らしい生活や気持ちを犠牲にしてでも、ビジネスで成功しよう！ と頑張ってみたり、猛烈に節約してみたり、お金持ち狙いで結婚して、お金には困らない生活ができちゃったり……ね。

それももちろん悪くはない。

でも、私はそうしなかった。したいとも思わなかった。

お金より、日々や周りに大事に感じるものが多かったからかな。

だって、お金に目がくらみすぎたり、お金を目的にしすぎたりする

と、必ず失うものもある。

品性、心や時間の自由、知性と気持ちでつながる素敵な友人、目に

見えないものや人の痛みや小さな温かさをビビッドに感じる心。

私にはそういうもののほうが大事だった。

だから、彼とは、どこまでいっても友達くらいがいいかんじ。

間違っても、お金のオンナにはなりたくないわけ。寝るのはゴメン。

あなたはどうかしら？

月に1回生理があるから、
あなたはキレイでしなやかでいられるのよ。

生理の時って、憂鬱だよね。おなかが差し込むように痛くなったり、眠くなったりだるくなったり、急に食欲が爆発したりね。私も初めて生理がきた中学生の頃から、いやだいやだ、早くなくなればいいのに！ と思っていた。銀座OL×銀座ホステス生活をしている頃は、今思えば不規則な生活をし続けていたからだったんだけど、生理も重くてつらくて、無理やり痛みを抑えこむために、薬もよく飲んでいた。今思うととんでもないね。

35歳くらいの頃だったかな、ある病院の先生に、女の人が柔らかく、また男の人より平均寿命が長いのは、生理で毎月、体のいらないものを排出しているからだ、という説を聞いたの。女の人の体はよくできている、生理があるから子供も産める。年を重ね生理が上がってしまうと、毎月の血による排毒ができなくなる。だから、体のホルモンバランスが崩れて、更年期症状などのさまざまな不調が起こる、と。
目からうろこで、体で納得。＜生理ってすごい、ありがたい＞と思えるようになったんだ。

それからは、逆に生理が待ち遠しくなってきて。今でも、毎月来ると嬉しいよ。「いらないものよ、がっさり出ていけ〜毒よ出ろ〜」って、積極的におなかを温めてみたりしてね。

今では、28日周期でキチンとくるか、生理痛が重すぎないか、が、健康や生活のバロメーターにもなっている。

そして、子供を授かったら、当たり前だけど教科書通りに、ぴったりと生理は止まった。無事に生まれた後も、母乳で栄養をとられていたせいもあってか、私は産後一年してから生理が戻ってきたんだよ。その時は「あら、久しぶり、良かった」って嬉しくもあったけど……反面さみしい気持ちもあった。ずっとお母さんという生き物になっていたのに、ああ、また体は女に戻ってしまったのか、って。

そんな風に、生理にまつわるいろいろも、女の人や年代の数だけあると思う。だけど、女にとって、生理は大切でありがたいこと。生理があるからしなやかでいられる。そして誰しもやがて、生理はなくなる。

そう理解して、自分の体に感謝を忘れずに過ごしていくと、あなたの子宮も、不思議と優しく、でも正確に応えてくれるよ。

白い下着の魔法の力、
上手につかってくださいな。

いきなり失礼しちゃうけど、今日はどんな下着をつけている？

あのね、下着だけに、古くくたびれたものを身につけてはいけないの。汚れていたり、よれたりほつれたようなランジェリーなんて、言語道断。そんな下着を身につけている日は、外をどんなに綺麗に着飾っていたとしても、自分だけはわかっているでしょう？

直接素肌にまとっているものが清潔で綺麗じゃなければ、どうしても気分が下がるし、それは、なぜかジワジワ自分の雰囲気やふるまいにもうつり、人にも不思議と伝わってしまうものなの。「ああ、なぜか、どこか、清潔感のない人だなぁ？」ってね。

ハンカチ、靴下、シャツの袖口、えり元、バッグの中身。言い出したらキリはないけど。

ともかく下着だけは、綺麗なものを、おねがいね。

これを読んでるあなたが女学生でも、すでに立派な大人の女性でも、気分一新、新しいランジェリーを1セット買うのなら、迷わず白をすすめる。オールシーズン使えて気持ちのいいコットン、美しくて贅沢なレース、うっとりするような肌触りのシルク、おしゃれなデザインと相性のいいナイロンにレーヨン。もちろん、あなたの季節や気分に合わせ、様々な素材やタイプのランジェリーを楽しんでみたらいい。

私も15を過ぎて色気づき始めた頃から、下着にも興味シンシン！
ちょっぴり大胆なカラーや大人っぽい下着をなんとか調達しては、
部屋の鏡の前で、一人こっそりつけてみたり、研究したりもしてい
たよ。
そして年々、身につける喜びや、女をもっとも美しく見せてくれる
パワーが強いのは、じつは白いランジェリーだと思ってる。
なぜだと思う？

白には魔法の力があるの。
神社の巫女さんや病院の先生方も花嫁さんも、白い服を着ているで
しょう？
日々、心身からまっ白に清めるために。清潔でクリアな自分でいる
ために。そして、新しい門出のために。少しの汚れも目立たせてし
まう白い布や下着には、逆に、私たちに清潔感や緊張感のある美し
さを与え、内側から白くスッキリ輝かせてくれる、ひみつの力があ
るんだよ。
女って、いくつになっても毎日新しく生まれ変われるものだから。
白いランジェリーの清潔な魔法の力、借りない手はないよ♡

女は、仕事で死んではいけない。

もしも、心や体が壊れてしまいそうなくらい、会社や仕事に疲れて
しまったら。
やめたらいいよ。その後のことは、休んでから考えよう。それでいい。

23歳ごろだったかな、私が仕事を始めたばかりの時。
憧れていたコピーライターの仕事だったのに、毎日会社に行くこと
自体がストレスに感じ、仕事も思ったようにはできなくて、プライ
ベートもぐちゃぐちゃで、夜、オフィスで水芸みたいにピューっと
吐いてしまったことがあった。救急病院に行ったら、なんとストレ
ス性の胃潰瘍になっていたの！　だけど、手術が必要なほどひどく
はなかったし、薬や上司や周りの人のフォローややさしさに力を借
りながら、その時は、仕事は休まなかった。

24歳の時に、知らない男の人に夜、後をつけられて、襲いかから
れ、首を絞められて殺されそうになったことがある。その時私の心
は壊れてしまって、会社の上司や先輩の気配も怖くなり、エレベー
ターの中や席についているだけで、冷や汗がだくだく出てきて、と
ても仕事どころじゃなくなった。結局、会社の人たちの理解もあっ

て、3か月ほど休職させてもらったんだ。その間、何をして過ごしていたか、今となっては、本当によく覚えていないんだけど。それでも、その後、なんとか復職をして、コピーライターとして9年間仕事をしていた。銀座クラブで人気が出て「君はクラブのママになれるから、昼間はやめなさい」と夜の社長にどれだけ説得されても、昼の会社をやめる気は一切なかった。睡眠時間を削ってWワークを続けていた。あの頃、本当に広告の仕事が好きだったんだと思う。

仕事って、社内でも社外でも、いろんな年代のいろんな価値観の人と関わって一緒にやっていくことだから。若い頃ほど、つらいことや思うようにならないことから、ストレスを感じることも多いよね？
イメージしていた仕事と現実の仕事。自分の想いや理想と、それにはなかなか届かない自分の実力。いろんな隔たりや壁がすごくあるように思えて、職場での20代の私は、いつも自分や誰かにイライラしてた。上司と話したり飲みながら、仕事や会社の体制について、泣いて訴えたようなこともあった。今となっては、そんな自分は、あまりにも世間知らずで可愛く感じたりするけれど。

そんな風に、私のお仕事人生も、順風満帆だったわけじゃない。私
の場合は、仕事が大好きで、トラブルや自分に負けて休んだりやめ
てしまうほうが心や体が壊れそうだったから、なんとか続けてきた
だけで。強いわけでも偉いわけでもない。
それが、仕事じゃなくて専業主婦業だったら、私はきっと続かなか
ったと思うしね。

人には、絶対向き不向きってある。その仕事や会社があまりにもあ
なたに向いていなくて、自分自身が壊れてしまいそうなら、やめて
いい。仮に、責任を果たせず逃げるみたいな形になっても仕方ない。
いつか、新しい場所で、また違う形で、世の中や人々に恩返しをし
ていこう。
女の人って、生きてるだけでこの世の宝。昔のサムライみたいに、
責任をとって死んだりしちゃいけないよ。
生活はどうする？　この先どうする？

　それは、休んでから考える。心と体が壊れたら、どんな人でも、何が正しくて何が間違っているかも、わからなくなってしまうから。一人で我慢しないでね。「社会人だから」と恥ずかしがったり遠慮しないで、親でも信頼できる人にでもいいから、SOSは早めにね。女って、心と体さえふっくら健やかに戻れたら、再出発もやがて必ずできるもの。本当だからね。

もしも、死にたくなっちゃったら。

心も体も疲れ果て、人生お先真っ暗気分。この先、どうしても生きてく気力も夢もない……。そんな風に、もしもあなたが死にたくなっちゃったら。

わかった、了解。自分で決めたことならば、好きにしたらいい。

だけど……その前に、ちょっとだけもいいから顔を見せて、さりげなくお別れの挨拶してからにしてくれない？　大人になったあなたの人生、何でもあなたの自由とはいえ、あなたの命の株主は私たちでもあるんだから。それがスジってもんだと思う。

ついでに言ったら、アルバムも見てってほしいの。赤ちゃんの頃から娘時代まで、可愛いあなたの写真なら本棚に山ほどある。１冊だけでもパラパラページを繰ってくれたら、あなたが、どんなにその誕生をみんなに喜ばれ、愛されながら育ってきたか絶対にわかるから。

私は機械音痴だけど、何ならビデオも用意するわよ。歩きはじめた
ばかりでカタカタをするあなた、お昼寝するあなた、お祭りのあな
た、可愛い画像がいっぱいあるの。それこそ食べちゃいたいくらい
可愛いの！

ところで、死んじゃう前に食べたいものはない？　なんでも作るよ、
遠慮なく言ってちょうだい。いいから少しゆっくりしてけば。

勝手に死なれちゃたまらないわよ。
命がけで止めてやるから。

結婚しないあなたへ。

現代では、結婚しない女の人たちも増えているね。

ご縁やタイミングがなくて。それでもなんとか生きていけるし。そこまでしたいと思ったことがない……などなど、理由はいろいろあるだろうけど。

それはそれで、いいんじゃない？　それがあなたの人生なんだもの。って私は思う。

特に、あなたが歩んでいるその日々が充実していて、胸を張ってこれからも生きていけそうならば、結婚は、おまけみたいなものかもしれないし。

私は、生まれてから一回も結婚したことがないの。小さな頃から、「結婚だけはしない、したくない！」と、今は亡き父に言っていたみたい。なんでだろうね？

そのたびに父は、「結婚したくなければ、しなければいいよ。でも、子供は産むといいから、産んで、うちに帰っておいで」と言っていたみたい。

母は、「あの人があなたに甘すぎるから！　本当に結婚しないでママになっているじゃないの！」と、父が亡くなった後も、位牌の前で時々怒っていたけれど（笑）。

私は今のところ、この人生にとても満足してるし、むすめの父親やそれまでの恋人にプロポーズをされても、『YES』と言うことが、

106

どうしてもできなかった。

相手が嫌いだったわけじゃない。とても正直に言って、私は＜結婚＞は欲しくなかった。結婚がとても重くて、私の人生に合わない契約に思えて、それを置くイメージが湧かなかった。それだけ。変わった考えかもしれないね。

反面教師にしてくれて、『私は絶対結婚する！』でも応援するし、『そんな人生も楽しそうだな、私も結婚は、してもしなくてもいいや』って生きてくれても、私は何も言わないよ。何も言えないよね（笑）。
それにね、周りのいろんな女性たちを見ていると、結婚しない人生を生きながら、スッキリ綺麗な女性もたくさんいるし。
あせって結婚しようとする人には、それなりの結婚と学びが用意されてる。かと思えば、結婚したいしたいと思っていた若い時代の相手とはどうしても結ばれなかったのに、あきらめて肩の力が抜けた頃に、ひょいと出会った誰かとあっさり大人婚しちゃう人もいる。
結婚って、自分たちが選んでいるようで、運命の神様が決めてるところもあるかもよ？
だから、あなたもハタチを過ぎたら、自分らしく生きながら、愛せる人に出会ったら精いっぱい愛していけばいい。そこに、結婚がついてくるかこないかは……女人生、生きてみてのお楽しみ♡　そんなかんじでいいんじゃない？

結婚するあなたへ。

おめでとう。

これからを一緒に生きていく相手と出会い、ご縁が結ばれ、あなたも心を決めたのね。

よかったね。応援するよ。でも、私はこっそりこんなことも考えちゃう。

どうか、あなたの旦那さまが、ギャンブルの好きな人じゃありませんように。（大金なんか稼がなくていいから、コツコツまじめに働いてくれる人でありますように）。浮気に溺れる人じゃありませんように。（選んだものから逃げ出すような心の弱い人間じゃありませんように）。

借金癖のある人じゃありませんように、あなたに言葉や力の暴力をふるう人ではありませんように。（だって、こういうのは治らないクセだと思うから）。自分の親や周りの人を大事にできる人でありますように（結婚相手を見る時に、ここは大事なポイント）。

何より、不格好でもうまくいかない時があってもいいから、どんな
時もあなたの手だけは離さずに、生涯愛し続けてくれる人でありま
すように。

もっと正直にいえば、こんなことも考えちゃう。
ねぇ、本気？　結婚生活って大変よ？　恋愛関係とは違うから。
相手のご家族やご親族とも生涯付き合っていかなきゃいけないし
（それが家族になるということ）、嫌になったからってすぐに別れる
わけにもいかない（話し合いや手続きも大変よ）。だいたい、わが
ままなあなたが、本当に生涯やっていけるかな？
それでも、そんな思いはぐっと飲みこみ、あなたの選んだ道を信じ
て、あなたを笑顔で見送るね。
私もあなたを幸せにしてあげるからね、って心意気で。今日から、
二人でもっと幸せになる、という覚悟を決めて。
そんなあなたと彼なら、可愛くて暖かい家庭を作っていけるかなぁ。
私はちょっと涙目で見送ろうかな。いってらっしゃい！

111

結婚生活に、ちょっと疲れてしまったら。

結婚生活を始めたら、幸せな反面、いろんな問題にもぶつかるね。
新婚時代は、ウキウキと楽しい反面、これまでの自由きままな日々
との決別だったり、新環境でのストレスもあるだろうし。夫婦を続
ければ続けるほど、小さな喧嘩、大きな夫婦の危機、この人とはも
うダメかも！ って思うこと……それはいろいろあるでしょう。
長い間、違う人生を歩んできた二人が、急に一つ屋根の下で生き始
めるのだから、何もかもがピッタリしっくりいく、ということのほ
うが珍しい。はたからは、どんなにお似合いで幸福に見える夫婦も、
たとえばそれがロイヤル・ファミリーのご夫妻であっても、口に出
さなくたって、みんないろいろあるものだよね。
でもね、私の母はよく言っていた。「結婚生活は、慌ただしい親戚
づきあいやら生活やらの苦労も子育ても、全部終えてから……もう
一度２人きりになってからが、本当に夫婦の醍醐味、黄金期なんだ
と思う。夫婦で老後を過ごせる人たちがうらやましい」って。老後
を迎える前に、伴侶、つまり私の父を突然の病で失ってしまったか
ら、余計にそう思うのかな？

でもね、まだまだ若いあなたと彼も、夫婦でいろんなことを乗り越えながら、やがて、白髪のおじいちゃんおばあちゃんになって。「いろいろあったけれど、苦労も含めて楽しかったね」と穏やかに言い合えたら、それはとっても素敵なことだよね。

それでも、あなたが結婚生活に、なんだかちょっと疲れてしまったら。実家にちょっと帰ってきたり、リフレッシュ旅行をしてみたりと、彼と家庭を離れてみるのもいいんじゃないの？

でもね、次第にそこが居心地が悪く感じて、（ああ、そろそろ家に帰ろうかな）と思うなら。彼との生活が、今はもう、あなたのホームなのよ。笑顔で帰って、あなたも彼も安らげる、清潔で日々の喜びや思いやりあふれる、温かいおうちにしていってね。

MY 史上最高のしあわせ。

これまでの人生で、一番素敵で、最高に幸せだったこと。

それは、あなたを授かり、無事に産みだせ、そして育てられたこと！

間違いなくそう思う。

つまり、私史上最高の幸せは、今も春夏秋冬、365日、ずっと続いてるってわけ。

子供を持ったら、自由がなくなる。それはそうかもしれない。

特に生まれて間もない頃だったり小さな頃ほど、四六時中おっぱいをやったりおしめを変えたり世話をして、いつもじっと見ていなくては、子供は無事に育たないもの。

急激な生活の変化とハードワークに心と体がついていけずに、育児ノイローゼや鬱になっちゃうお母さんも少なくはない、とよく聞くよね。ちょっとくらい大きくなったって、今度はやれ反抗期だ進路の悩みだと、それはそれで心配ごとも複雑化していくのかも。それでも、私は子供が毎日いっしょにいることで得られる幸せが大きかった。日々のささいな不自由さも、あれこれ出てくる育児の悩みも、すぐに帳消しになってしまうくらいに。

あなたがまだ1歳半の夏、私はイベントの仕事で、2泊3日でばあばにあなたを預けて東京に滞在したことがある。はじめてそんなにあなたと離れた。2日間も仕事の後は、一人ホテルで寝たんだけれど、自由でのびのび！　どころじゃない。張ってくるおっぱいが痛

くて痛くて、イベントの楽屋やホテルの洗面所で絞って捨てながら、情けなく、あなたを抱っこしたくてポロポロと泣けてきた。
旅立つ前は、これを機に断乳しようかな、と思ったりもしたんだけれど、帰って一回り小さく痩せてるあなたを見たら、そんな気持ちはふっとんだよね。

そうやって、毎日、＜過去の自分の当たり前＞なんて、小さなあなたにふっとばされていく。
あなたはどんどん大きくなって、完全な一人の違う人間に成長していき、私は毎日しぼりとられて（笑）年をとってく。そんなことさえなぜか嬉しい。
こんなにも一心同体みたいでいて、日に日に、完全に一人の違う人間へと成長していくあなた。だけど、いつも、いつまでも、どこかで何かがつながっている。母親と、だけじゃなく、いろんな過去や先祖や思いたちが、あなたの中に入ってる。毎日毎日、どれだけ見ててても見飽きない。
大げさだと思う？　いいえ、これでもちっとも言い足りていないくらい！
子供を持つ喜びは、きっとどんな詩人や文豪でも言いあらわせないくらいのこと。もしかしたら、太古の昔から、女が命をかけてする、命と本能の自然だからかもしれないね。

119

何のために生きる?

夢や理想を叶えるために、愛し愛されるために、食べるために、乗り越えるために、この世界を遊んだり探検するために、世界を変えたり素敵にするために、誰かのために、自分のために、親や子供や孫のために。

何のために生きたって、いいんです。本当は、難しいことなんて何もない。

女らしく生きなくちゃ、とか、女ならこうするべき、とか、深刻に考えすぎることもない。あなたの好きなようにしたらいい。

私は、人生は旅のようでいて、長〜い夢みたい、って思ってる。これまでだっていろんなことがあったけど、自分の心はいつもどこかで、フワフワと夢みごこち。ちょっとバカなのかもしれない(笑)。でもね、旅の途中であなたにも出会えたし、今も夢みたいに幸せだなぁ、と思いながら、毎日を生きている。これからも人生の旅を続けながら、あなたやご縁ある人々と、楽しく進んでいくつもり。

生きていたら、楽しいことばっかりでもない？　そうね。

うれしいこと、ときめくこと、楽しいこと、幸せなこと、心震える
ような喜び、心配事、身もちぎれるような痛みや悲しみ、つらいこ
と、悔しいこと……いろんな感情や思いを味わうね。私は、だから
こそ、人生って味わい深くておしゃれだな、と年々思う。

まだまだうら若きあなたも、娘さん時代のあなたも、婚活に一生懸
命なあなたも、お母さんになったあなたも……その心身を動かしな
がら、今その瞬間だけしか感じられない、あらゆる思いや得がたい
時間を味わっている。それこそが、あなたが今生きている証拠。永
遠じゃないからこそ、とても愛しく素晴らしいこと。

だから、どんな時間も感情も、その心身でめいっぱい味わったらい
いと思う。死ぬときに後悔なんてないくらい、めいっぱい！

女の人生に正解なんてそもそもないし、あなたも私もせっかく今を
生きてるのだから。味わっていこうね♡

あとがき。

「人は女に生まれるのではない。女になるのだ」

　有名なボーボワールの名言ではないけれど。女やってるのって、確かに、やっかいなところもあるかもしれない。女は綺麗で可愛く。女は優しく母性的に。何より、女は明るくいてほしい。

　気がつくと、親や社会や男たちが、いろんなことを私たち女性に押しつけるよね。

　私たちは、時に反抗したり、それをちゃっかり利用したり、うれしく思ったり急に憂鬱になってみたりしながらも……時間や経験とともに、赤ちゃんは女の子に、そして、女の子たちは、やがて女になっていく。

　本書も、あなたのきっといろいろある女人生に、私もまた一人の女の人生を歩んでいるものとして、母のような気持ちで、ただエールを贈りたかった。

　けれど、もしかしたら、そこかしこに「女たるもの！」というような、押しつけがましいメッセージを感じてしまう人もいるかもしれない。

　そうだよね。

　私だって、これでも時には、「女らしく女らしくって。女だから、なんだっていうの！」って、親や社会に反問しながら生きていた時代もあった。人はみんな違うのに。女だって身ぎれいにしたり、笑ってられない時だってあるのに！　って。

　あれは、小学校６年生か中学１年生の頃だったかしら。

　親の本棚で『女の子が、優しく美しく育つ本』というような、書籍を発見した。パラパラとめくりながら、（古い本。読み込んであるかんじ……これ、きっとお父さんが買ったんだろうな）。そして、（……ごめん）と急にうなだれるような気持になったことを、今もありありと覚えている。

　当時私は、こう思ってた。（私、心がいじわるでも醜くもないつもりだけど。この

本に書いてあるかんじの保守派な清く正しい優しい女の子、お父さんが理想に描き目指していた女の子とは、ちょっと、いやかなり方向性が違う気がするんだよね！）と。

　でも、そんな私も、「ああ、女に生まれてよかったな♡」と年々かみしめるように感じている、女人生のこの不思議。もちろん、私が生まれた頃に、父や母が理想に描いた女の子像とは、きっとうんと違う仕上がりになっているけれど（笑）。

　自分の自然と直感に従って、時には流れや心に身を任せるように、時には果敢に挑戦するように生きてきたら、私はオトナになり、気づけば母にもなっていた。自分の内側から、湧き出るように「ああ、女でよかったな」といつも自然に思えてる。私は私でよかったし、女であることはすごく楽しい、と。

　そして、ばっちりおばあちゃんになっていくこの先も、きっと楽しいんだと思う。私は面白がりだしね。

　これを読んでる女のみなさん！　女人生も、あなたがあなたであることも、楽しまなくちゃ嘘ですよ。

　つらい時も、やになっちゃう時も、女であることを楽しむこと。

　それはすなわち、"あなたの自然"にあらがわず、身をゆだね、それを味わい、いとおしむことですよ。だってあなたも私も女に生まれたのだから。私はそう思う。

　これからも、あなたが経ていくあらゆる出会いも出来事も感情も、一瞬一瞬、ともに楽しんでいきましょうね。あ、本書にたびたびすごい顔して登場してくれた私の娘も、今いるあなたの娘ちゃん、あなたが将来出会うかもしれないあなたの娘さんたちも、いっしょにね！

愛と母ゴコロをこめて。2018年春、蝶々より

PROFILE

蝶々　Cho-Cho
作家・エッセイスト。2002年『銀座小悪魔日記』でデビュー。『小悪魔な女になる方法』が50万部を超える大ベストセラーになり、一躍女性のカリスマ的存在になる。トークイベント開催、企業とコラボレーション商品開発など、執筆だけにとどまらず多岐に活躍中。『蝶々、ママになる』『オンナの自由』など著書多数。
オフィシャルWebサイト　https://chocho-u.com/

川島小鳥　かわしま・ことり
写真家。1980年生まれ。早稲田大学第一文学部仏文科卒業後、沼田元氣氏に師事。写真集に『BABY BABY』(2007)、『未来ちゃん』(2011)、『明星』(2014)、谷川俊太郎との共著『おやすみ神たち』(2014)、『ファーストアルバム』(2016)、台南ガイドブック『愛の台南』(2017)、浅田真央フォトエッセイ『また、この場所で』(2018)など。
第42回講談社出版文化賞写真賞、第40回木村伊兵衛写真賞を受賞。

蝶々母さんから、あなたの女人生へ。

文	蝶々
写真	川島小鳥
発行所	株式会社　二見書房
	東京都千代田区神田三崎町2-18-11
	電話03(3515)2311　営業
	03(3515)2313　編集
	振替00170-4-2639
装丁	ヤマシタツトム
編集	宮坂雅代
印刷・製本	図書印刷株式会社

落丁・乱丁本はお取り替えいたします。定価は、カバーに表示してあります。
©Cho-Cho/Kotori Kawashima 2018, Printed in Japan.
ISBN978-4-576-18079-3
http://www.futami.co.jp